Tim Clarke

Neue Flieger aus Papier

CHRISTOPHORUS
BRUNNEN-REIHE

SEIT MEHR ALS 30 JAHREN STEHT DER NAME „CHRISTOPHORUS“ FÜR KREATIVES UND KÜNSTLERISCHES GESTALTEN IN FREIZEIT UND BERUF. GENAUSO WIE DIESER BAND DER BRUNNEN-REIHE IST JEDES CHRISTOPHORUS-BUCH MIT VIEL SORGFALT ERARBEITET: DAMIT SIE SPASS UND ERFOLG BEIM GESTALTEN HABEN – UND FREUDE AN SCHÖNEN ERGEBNISSEN.

ISBN 3-419-55898-8

Styling und Fotos: Peter Nielsen, Umkirch
Reinzeichnungen: Tim Clarke, Heidelberg
Umschlaggestaltung: Network!, München
Produktion: Print Production, Umkirch
Druck: Freiburger Graphische Betriebe, 1997

CHRISTOPHORUS
BÜCHER MIT IDEEN

Inhalt

Neue Flieger aus Papier

Einen Flieger aus einem glatten Stück Papier zu basteln ist ein wenig wie Zauberei. Und wie für jedes richtige Zauberkunststück brauchst Du etwas Übung und Geduld. Denn einige Flugzeuge werden neu für Dich sein. Die meisten Modelle sind ganz einfach, aber es gibt auch solche, die Dich etwas mehr herausfordern werden.

Mit Hilfe der Anleitungen kannst Du ganz unterschiedliche Flieger herstellen, vom sanft gleitenden Segler bis zum akrobatischen Kunstflieger und dynamischen Jet. Wo es schwierig wird, helfen Dir Hinweise zum Falten sowie zum Halten und Fliegenlassen der fertigen Modelle weiter. Auch wirst Du Tips bekommen, wie Du die Flugeigenschaften verbessern oder verändern kannst.
Dieses Buch enthält die Grundregeln, die Du zum Experimentieren brauchst, zur Herstellung eigener Modelle und am allerwichtigsten – für richtige Zauberei!

Viel Glück und viel Spaß mit neuen Papierfliegern wünscht Dir

Material und Technik

Material und Hilfsmittel

- Papier
- Malstifte
- Bleistift
- Lineal
- Schere
- Cutter

Die hier vorgestellten Flieger sind aus Fotokopierpapier, aus regenbogenfarbigem Papier und aus Geschenkpapier gefertigt. Das Papier ist immer im DIN-A4-Format (21 x 29,7 cm), mit einem Gewicht von ca. 80g/qm.

Welcher Flieger ...

Die Flieger sind alle einfach zu falten. Doch einige Modelle erfordern etwas Übung. Wahrscheinlich möchtest Du mit den einfachsten Anleitungen anfangen. Diese sind mit einem ★ gekennzeichnet. Zwei ★★ bedeuten, daß es sich um ein etwas schwierigeres Modell handelt oder daß Du zum Falten ein wenig mehr Zeit brauchst. Die Faltanleitungen, die Dich am meisten herausfordern, haben drei ★★★.

... und wie ich ihn falte

Auf dem eingehefteten Bogen sind die Faltvorlagen für neun Papierflieger in Originalgröße abgebildet. Diese sind folgendermaßen zu benutzen:
- Du kannst die Faltvorlagen direkt auf ein Blatt Papier fotokopieren.
- Du kannst Dein Papier auf die Faltvorlage legen und die eingezeichneten Faltlinien durchpausen.
- Du kannst die Faltlinien in der Vorlage ausmessen und mit Bleistift und Lineal auf Dein Papier übertragen.

Diese letzte Möglichkeit braucht zwar etwas länger, hat aber den Vorteil, daß Du die Faltlinien auf jede Art von Papier übertragen kannst.

Wenn Dir die Vorlagen vertrauter werden, kannst Du anfangen, mit den Modellen zu experimentieren. Du kannst die Lage der Faltlinien verändern und beobachten, was für eine Wirkung das auf das Flugverhalten der verschiedenen Flieger haben wird.

Anleitung „Ikarus"
siehe Seite 26

Tips und Tricks

Erste Flüge

Jeder Flieger ist anders, einige sind für einen geraden, andere für einen mehr akrobatischen Flug konstruiert. Bei einigen Fliegern kommen beide Flugeigenschaften zusammen.
Generell gilt, daß für einen geraden Flug der Flieger mit geraden Flügeln gehalten und mit einem festen Schwung in Schulter- oder Kopfhöhe geworfen werden sollte.

Bei Fliegern mit mehr akrobatischem Flug sollte der Wurf helfen, den zusätzlichen Auftrieb zu kontrollieren und zu nutzen. Wird der Flieger so gehalten, wie die Abbildung zeigt, und in Schulterhöhe mit einem leicht aufwärts gerichteten Schwung geworfen, wird der Flieger anfangs in einem leichten Bogen fliegen, der übergeht in ein sanftes Gleiten. Manchmal kommt der Flieger wie ein Boomerang zu Dir zurück oder macht einen Looping.

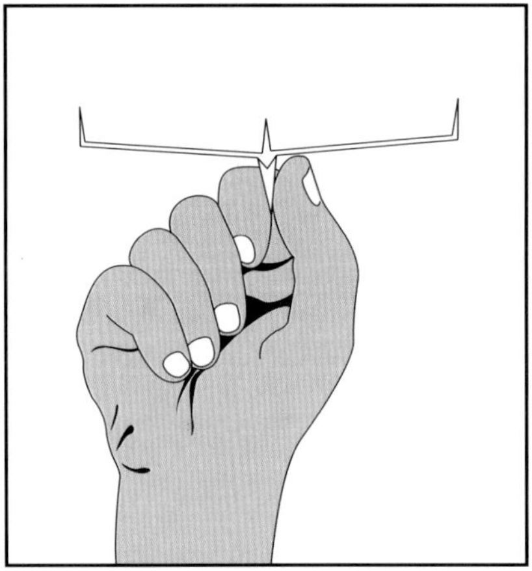

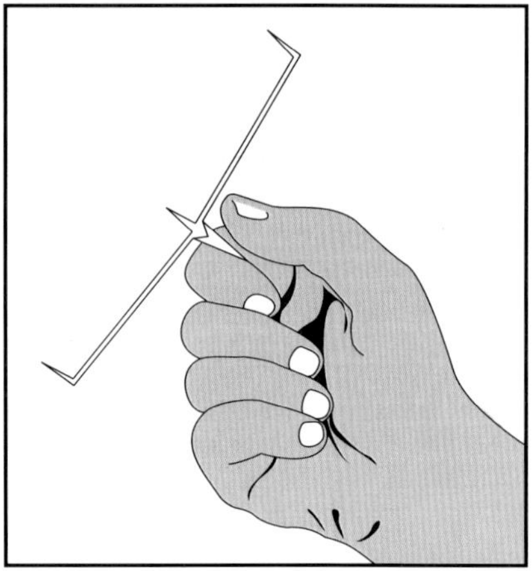

Meistens fliegen akrobatische Flieger im Freien besser als die mit geradem Flug. Die besten Flugergebnisse wirst Du an einem trockenen Tag mit wenig oder gar keinem Wind bekommen.

Flugeigenschaften

Hier ist eine Checkliste von Dingen, die Du ausprobieren kannst, wenn Du die Flugeigenschaften Deines Fliegers verbessern oder verändern möchtest:

- Falte alle Kniffe so scharf, genau und symmetrisch, wie es Dir möglich ist. Du wirst feststellen, daß das mit zunehmender Übung leichter wird.
- Spiel mit der Größe der Flügelspitzenfalten. Du wirst entdecken, daß in den meisten Fällen größere Flügelspitzen mehr Auftrieb bringen und natürlich umgekehrt.
- Verändere die Form der Flügel, indem Du sie vorsichtig dicht bei der Flügelfalte eindrückst.

Form „A“ gibt dem Flieger mehr Auftrieb als Form „B“.

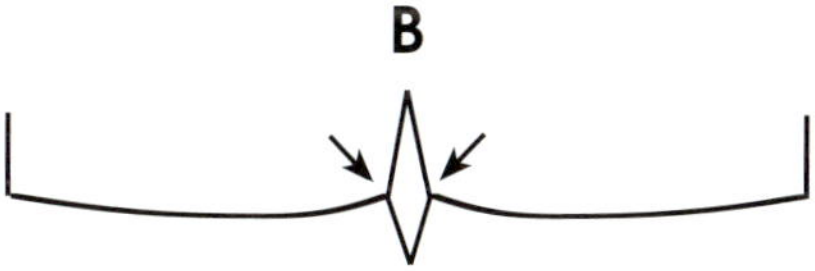

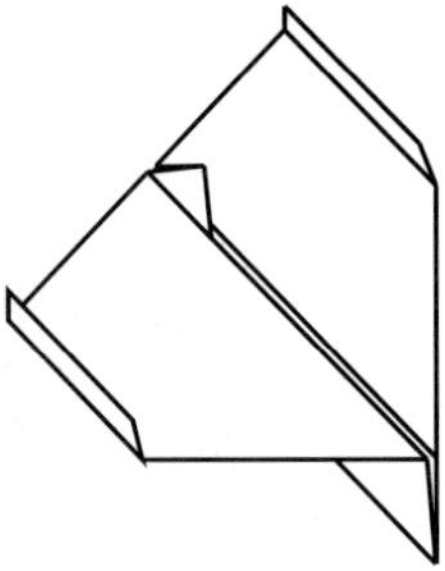

Trippy

★

Vorlage A

Material
Papier, DIN-A4
(21 x 29,7 cm)

Dies ist ein einfaches Faltmuster, mit dem Du leicht experimentieren kannst. Das Ungewöhnliche an „Trippy“ ist, daß sein Flug geradeaus oder auch akrobatisch sein kann. Wie er fliegt, hängt von der Größe der Flügelspitzenfalte und von der Ausformung der Flügel ab. Ich empfehle Dir, die Flügelspitzen mindestens 1 cm, höchstens 2 cm breit zu falten.

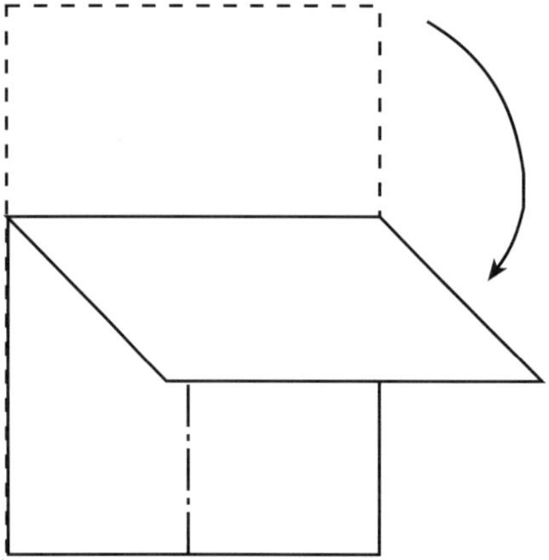

❶ Blatt der Länge nach in der Mitte falten (Mittelbruch), wieder öffnen und mit der Oberseite nach oben hinlegen. Obere Blattkante an eingezeichneter Linie 1 (s. Vorlage) nach unten falten.

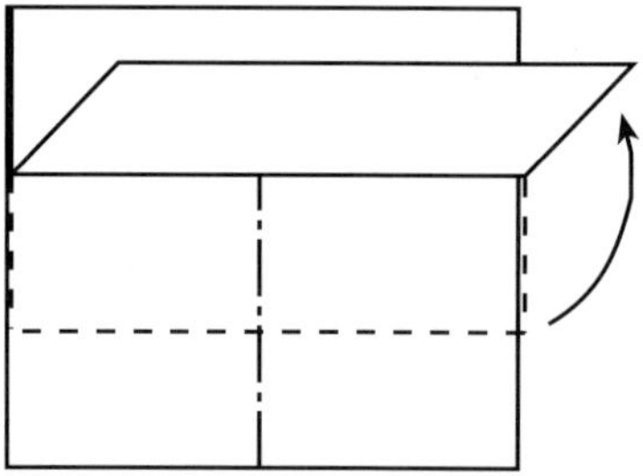

❷ Bis zur Faltkante nach oben knicken.

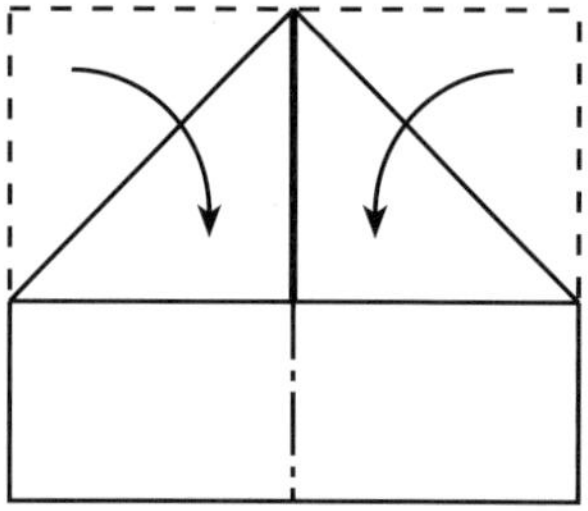

❸ Beide Ecken zu Mittelbruch legen.

❹ Flieger am Mittelbruch zusammenklappen. Schwanz an der eingezeichneten Linie knicken und wieder zurückfalten. Flieger umdrehen und den Faltvorgang mit der anderen Seite oben wiederholen. Körper des Fliegers öffnen, den Schwanz vorsichtig nach oben drücken. Flügel an den eingezeichneten Linien nach unten und die Flügelspitzen nach oben falten.

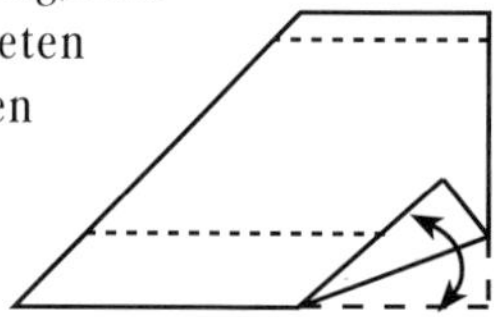

HIP

Variant

„Variant“ ist so konstruiert, daß er aussieht wie ein moderner Jet und geradeaus fliegt. Man kann ihn schnell falten. Es braucht nur wenig Übung, um ihn gelungen fliegen zu lassen.

★

Vorlage B

Material
Papier, DIN-A4
(21 x 29,7 cm)

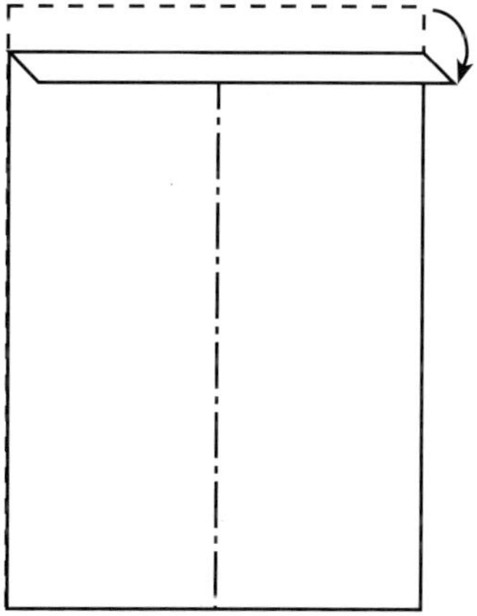

❶ Blatt der Länge nach in der Mitte falten (Mittelbruch), öffnen und mit der Oberseite nach oben hinlegen. Obere Blattkante an eingezeichneter Linie 1 (s. Vorlage) nach unten falten.

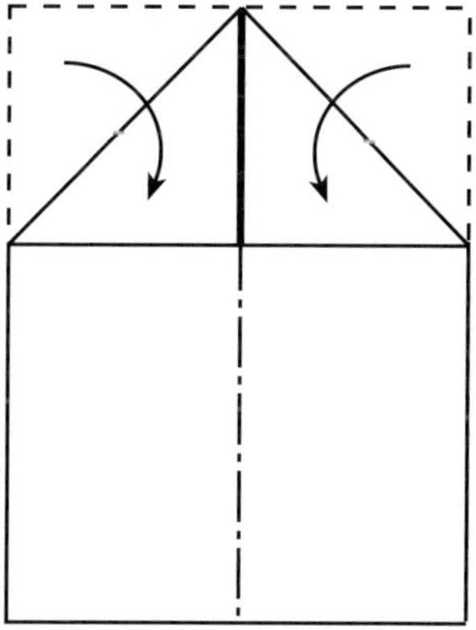

❷ Beide Ecken zum Mittelbruch knicken.

❸ Diese Ecken noch einmal zur Mitte legen. Das Blatt umdrehen, so daß die Unterseite nach oben zeigt.

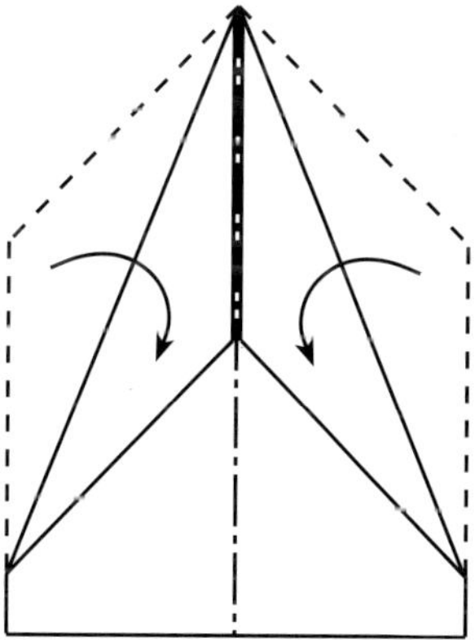

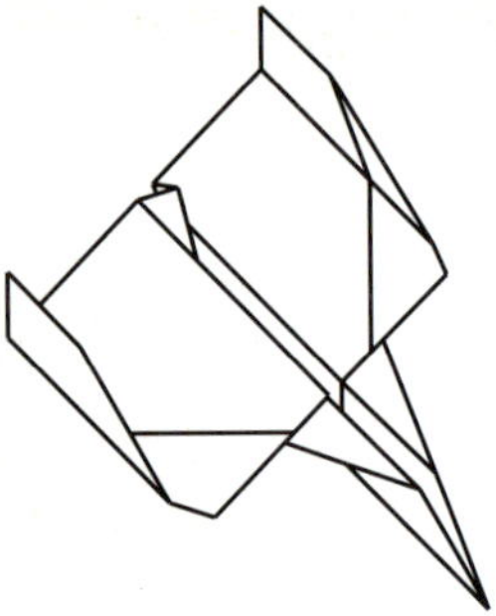

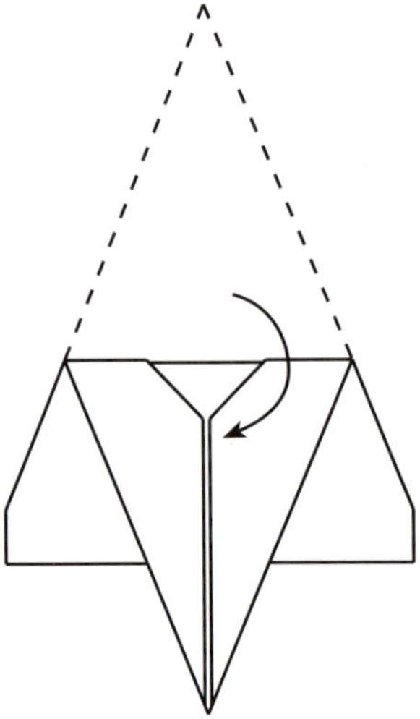

④ Obere Spitze an der eingezeichneten Linie 2 nach unten falten.

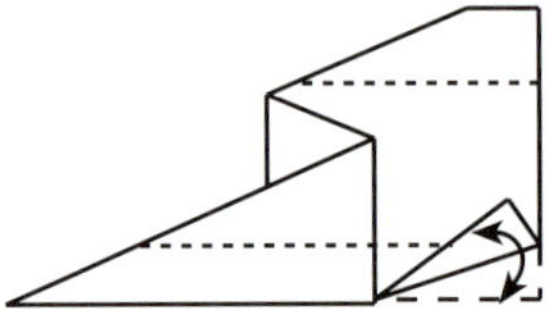

⑥ Flieger am Mittelbruch zusammenklappen. Schwanz an der eingezeichneten Linie knicken und zurückfalten. Flieger umdrehen und Faltvorgang wiederholen. Den Körper des Fliegers öffnen und den Schwanz vorsichtig nach oben drücken. Die Flügel an den eingezeichneten Linien nach unten knicken. Die Flügelspitzen, wie eingezeichnet, nach oben falten.

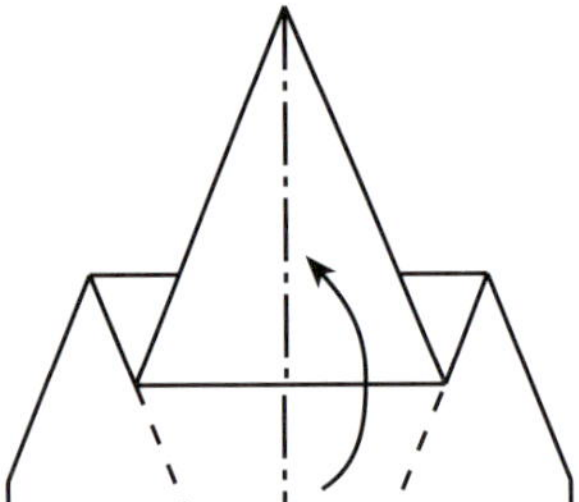

⑤ An Linie 3 wieder nach oben falten.

Slipstream

Der „Slipstream“ fällt auf durch seine Dreiecksflügel und durch seinen großen Schwanz, der ihm einen sehr stabilen Flug ermöglicht.

★

Vorlage C

Material
Papier, DIN-A4 (21 x 29,7 cm)

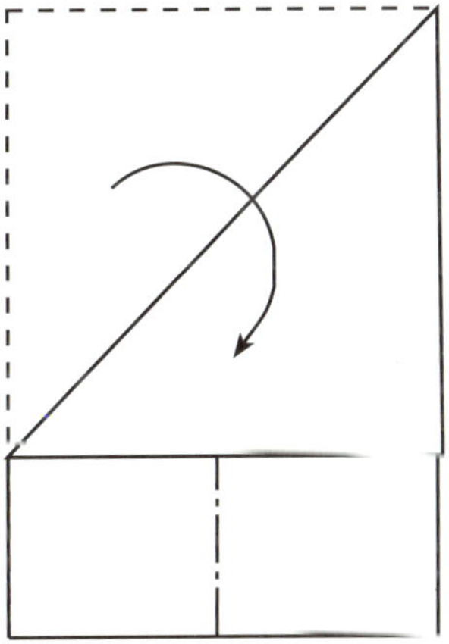

❶ Blatt der Länge nach in der Mitte falten (Mittelbruch), öffnen und mit der Oberseite nach oben hinlegen. Obere Blattkante zur rechten Blattseite falten und wieder öffnen. Es entsteht eine Diagonalfalte.

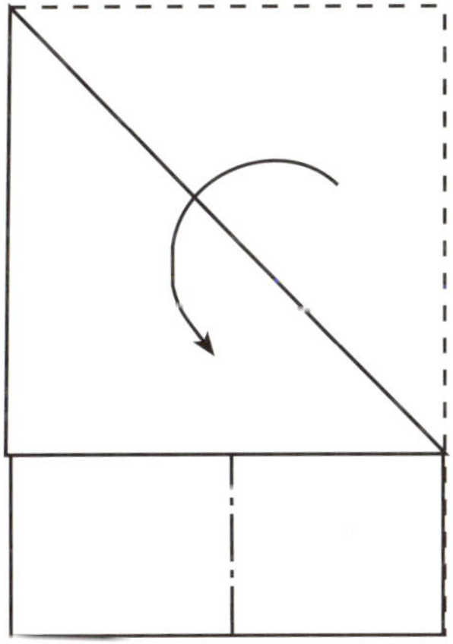

❷ Die entgegengesetzte Diagonalfalte auf gleiche Weise herstellen.

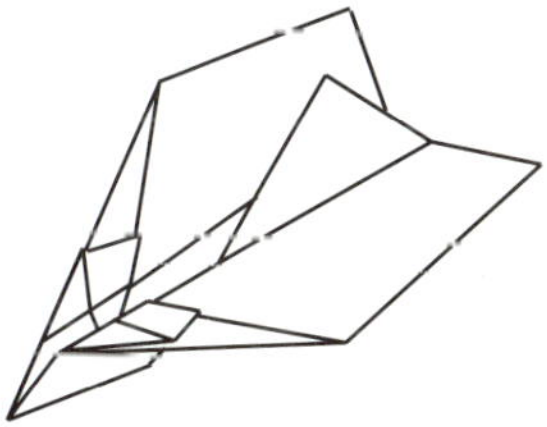

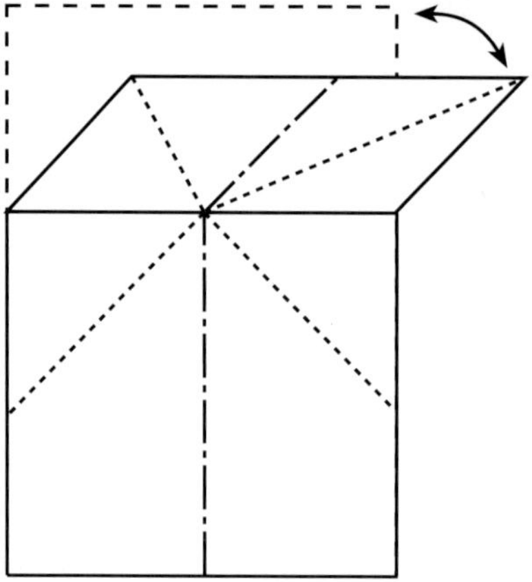

❸ Am Kreuzungspunkt der beiden Diagonalen mit dem Mittelbruch Blatt nach unten knicken (Querbruch) und wieder öffnen.

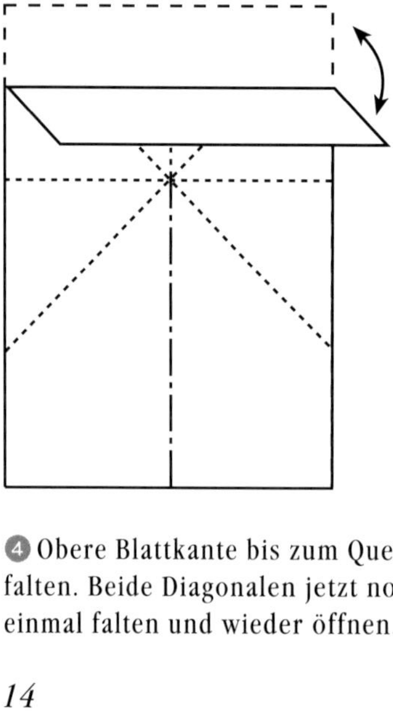

❹ Obere Blattkante bis zum Querbruch falten. Beide Diagonalen jetzt noch einmal falten und wieder öffnen.

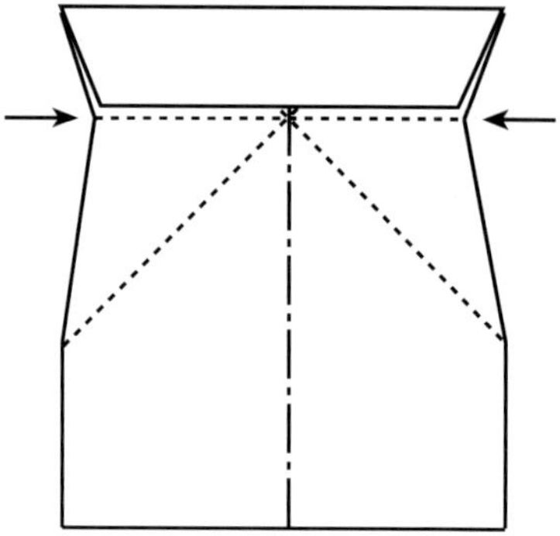

❺ Die beiden Enden des Querbruchs heben, zum Mittelbruch nach unten legen.

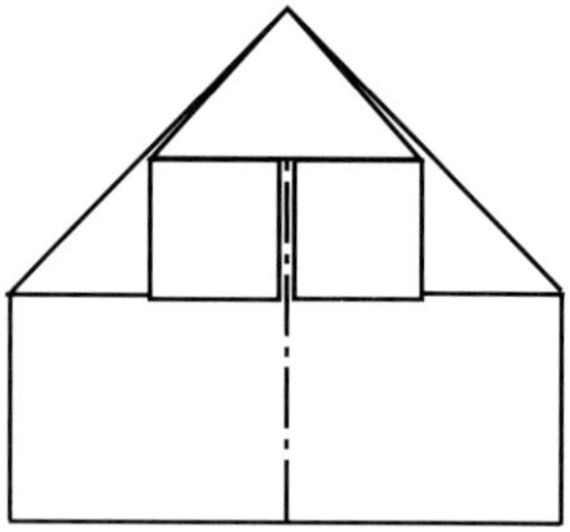

❻ So sieht der Papierflieger jetzt aus.

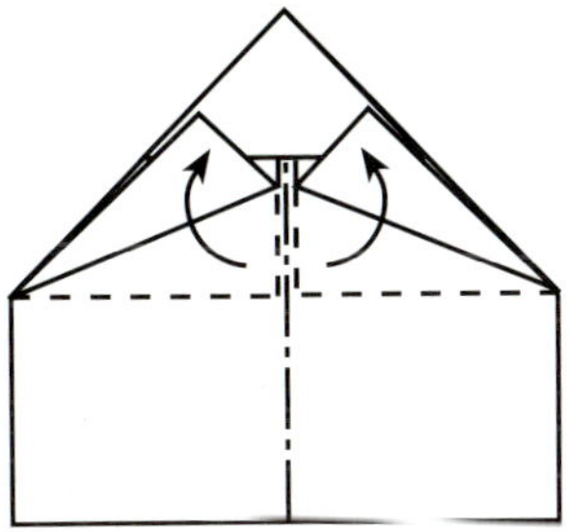

❼ Die unteren Ecken dieser Faltung von der Mitte nach oben knicken.

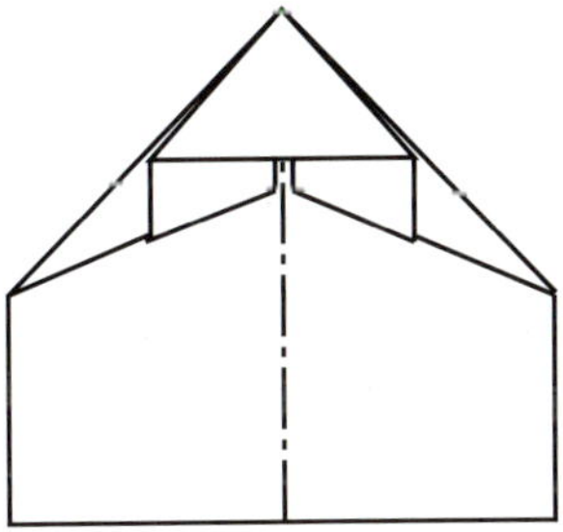

❽ Diese Ecken in die Spitze einschieben (siehe Foto, oben).

❾ Flügel und Schwanz, wie auf Seite 8 beschrieben, falten.

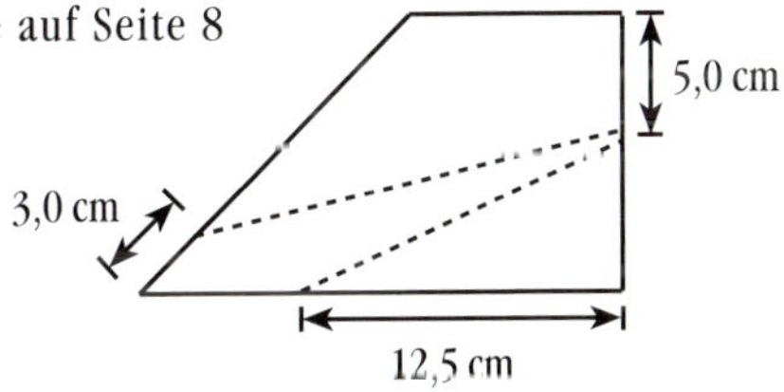

Boomer

★★

Vorlage D

Material
Papier, DIN-A4
(21 x 29,7 cm)

Der „Boomer" hat seinen Namen deshalb, weil er, richtig geworfen, zu Dir zurückkehren wird wie ein Boomerang. Die Faltanleitung sieht etwas ungewöhnlich aus, aber es ist leichter, diesen Flieger zu falten, als Du vielleicht annimmst.

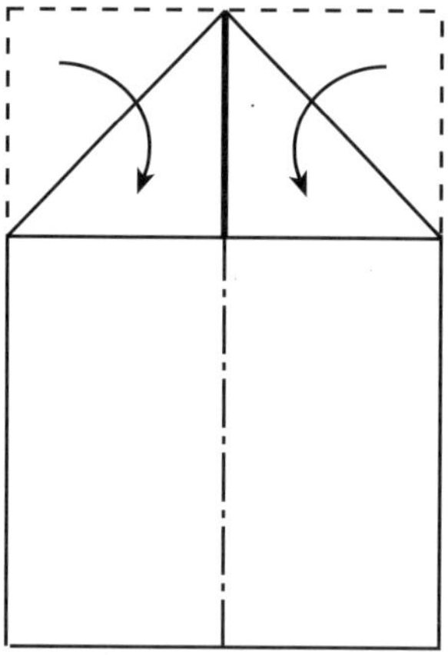

❶ Blatt der Länge nach in der Mitte falten (Mittelbruch), öffnen und mit der Unterseite nach oben hinlegen. Beide oberen Ecken zum Mittelbruch legen.

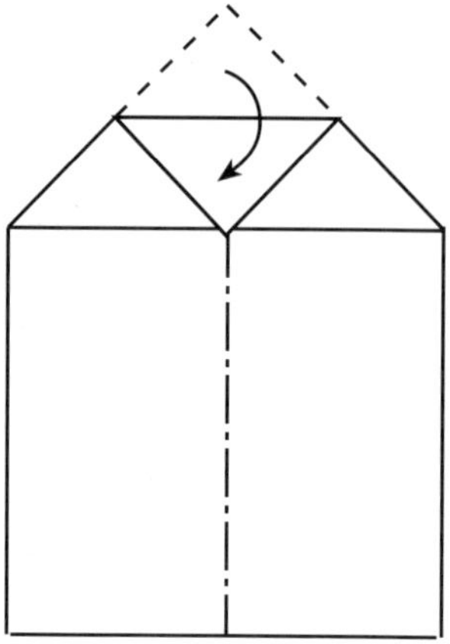

❷ Spitze nach unten knicken.

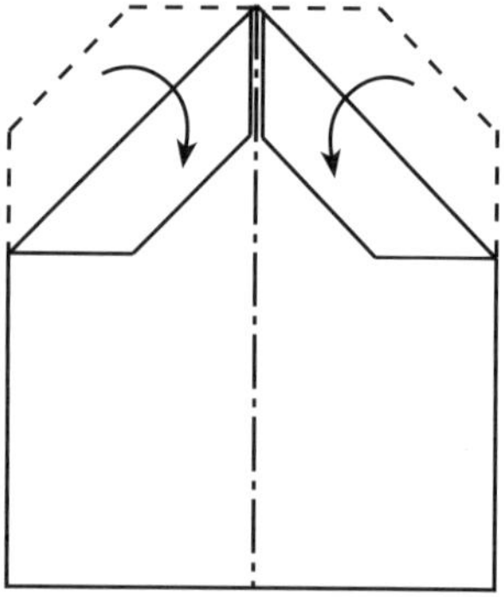

❸ Ecken zum Mittelbruch falten.

Pfeil und Boomer

Pfeil

Der „Pfeil“ wird auf ähnliche Weise gefaltet wie „Variant“. Doch das eckige Äußere und die doppelt gefalteten Flügelspitzen lassen ihn ganz anders aussehen. Schritt 7 der Anleitung ist der schwierigste. Beachte, daß der Schwanz in Schritt 4 schon frühzeitig gefaltet wird.

★★★

Vorlage E

Material
Papier, DIN-A4 (21 x 29,7 cm)

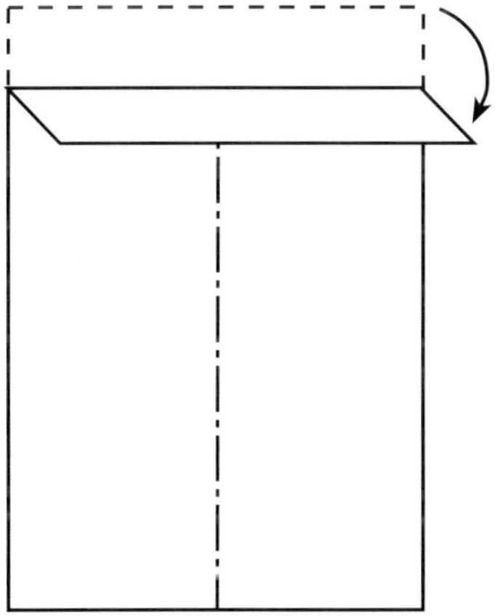

1 Blatt der Länge nach in der Mitte falten (Mittelbruch), öffnen und mit der Unterseite nach oben hinlegen. Obere Kante an Linie 1 (s. Vorlage) nach unten falten.

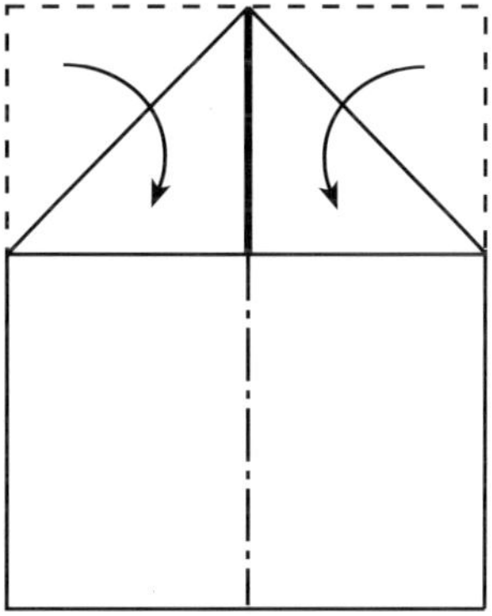

2 Beide Ecken zum Mittelbruch falten.

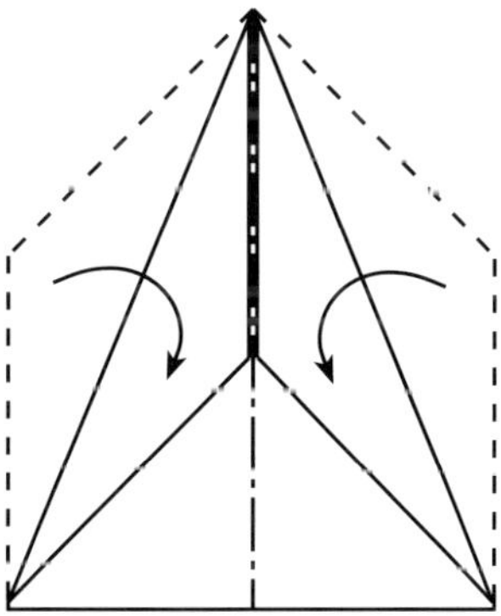

3 Beide Ecken ein weiteres Mal zum Mittelbruch legen.

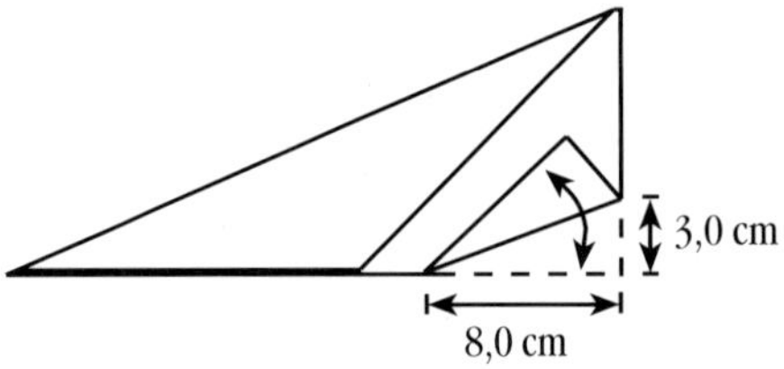

❹ Flieger am Mittelbruch zusammenklappen und Schwanz wie gewohnt falten (vgl. Seite 8), aber noch nicht hochdrücken.

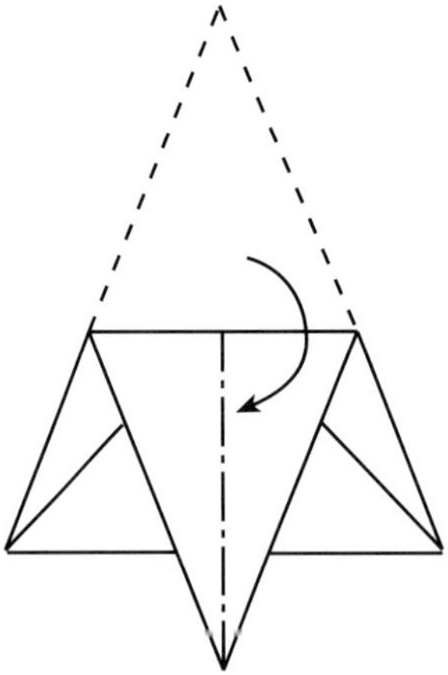

❺ Flieger wieder auseinanderfalten. Die Unterseite zeigt nach oben. Die Spitze an Linie 2 nach unten falten.

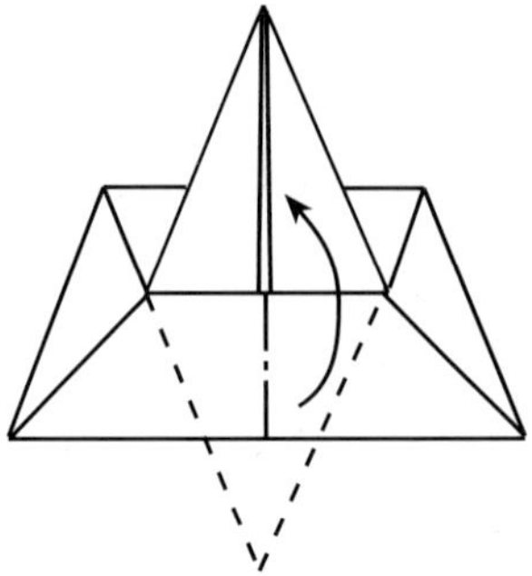

❻ Spitze dann an Linie 3 nach oben knicken.

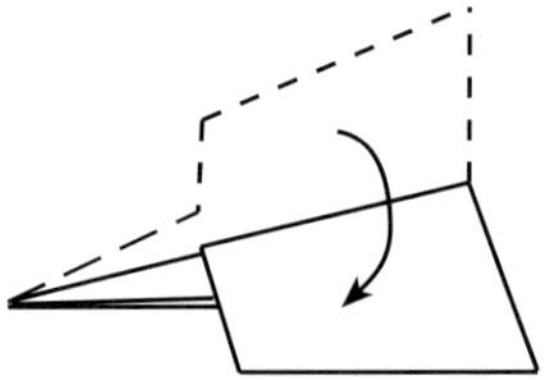

❼ Flieger so nach unten zusammenlegen, daß die Innenkanten der Spitze und der Mittelbruch eine Linie bilden. Flügelspitzen falten und den Schwanz vorsichtig nach oben drücken.

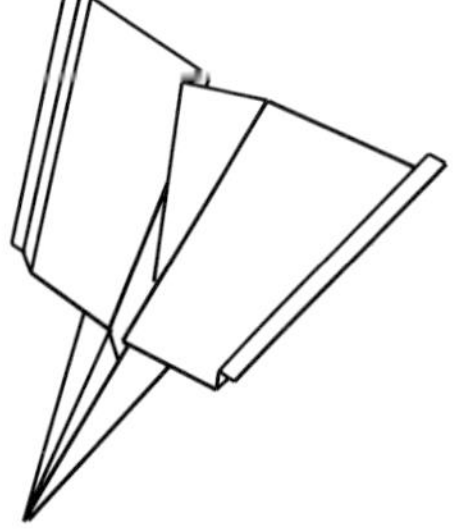

Dynamik

So wie auch „Trippy“ kann dieser Flieger sowohl geradeaus als auch akrobatisch fliegen. Das ist abhängig von der Größe der Flügelspitzenfalte und der Form der Flügel. Er fliegt im Freien gut und ist leichter zu falten als es aussieht.

★★

Vorlage **F**

Material
Papier, DIN-A4 (21 x 29,7 cm)

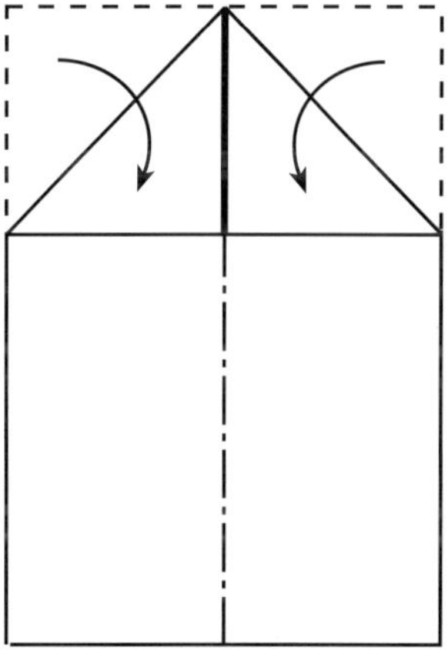

❶ Blatt der Länge nach in der Mitte falten (Mittelbruch), öffnen und mit der Oberseite nach oben hinlegen. Beide Ecken zum Mittelbruch falten.

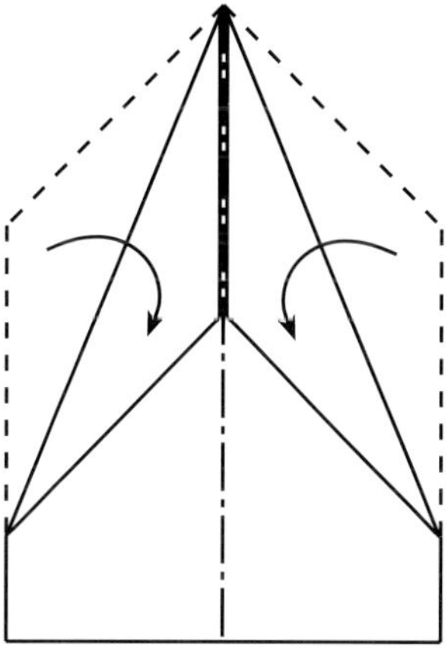

❷ Beide Ecken ein weiteres Mal zum Mittelbruch legen.

❸ Spitze an Linie 1 (s. Vorlage) nach unten falten.

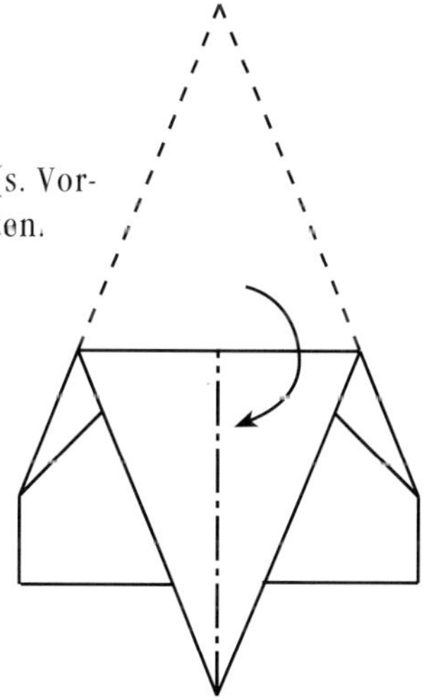

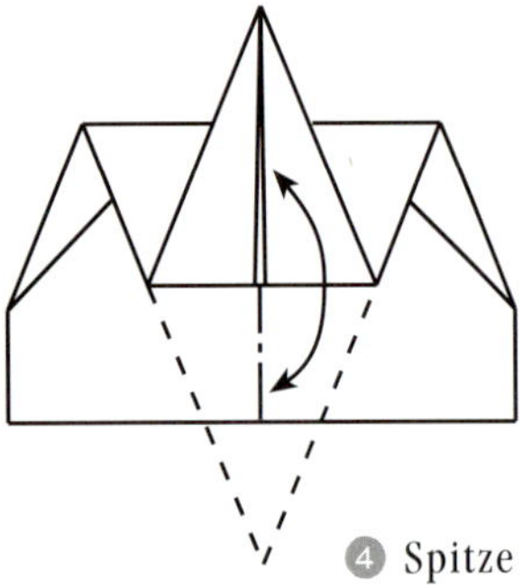

④ Spitze an Linie 2 nach oben knicken und wieder öffnen.

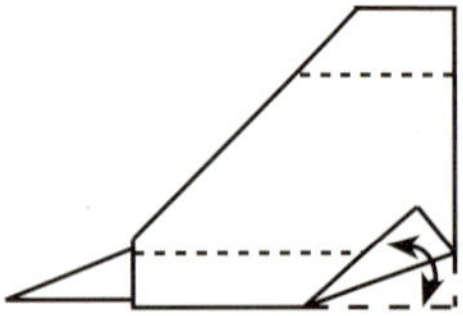

⑥ Flieger zusammenklappen. Den Schwanz, wie eingezeichnet, falten und wieder öffnen. Flieger umdrehen und den Faltvorgang wiederholen. Den Körper des Fliegers öffnen und vorsichtig den Schwanz nach oben drücken. An den eingezeichneten Linien Flügel nach unten, Flügelspitzen nach oben falten.

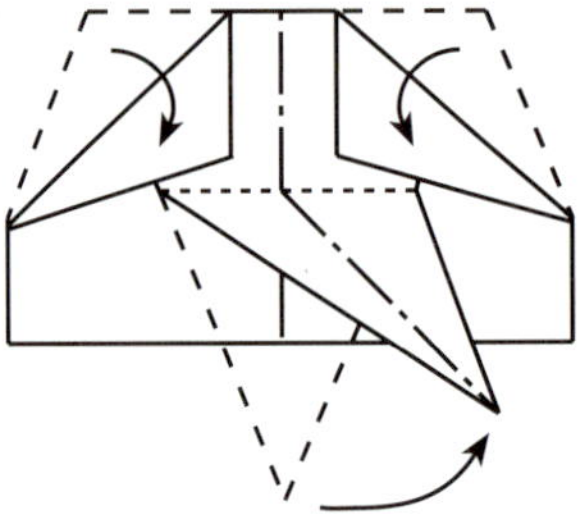

⑤ Obere Ecken wie abgebildet nach unten legen. Spitze wieder nach oben falten (siehe Foto).

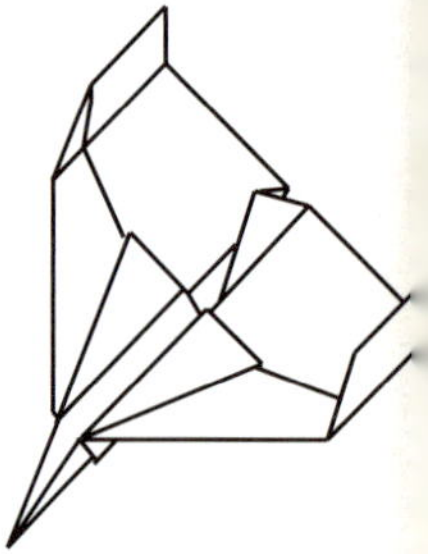

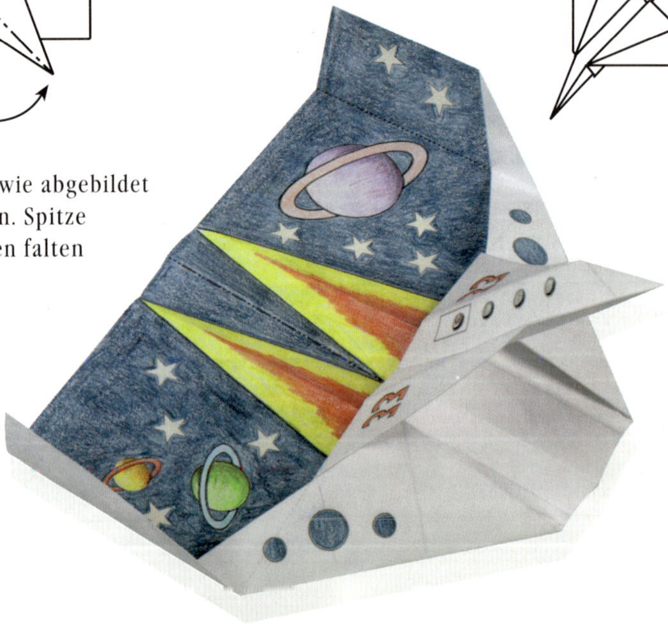

33
33
33

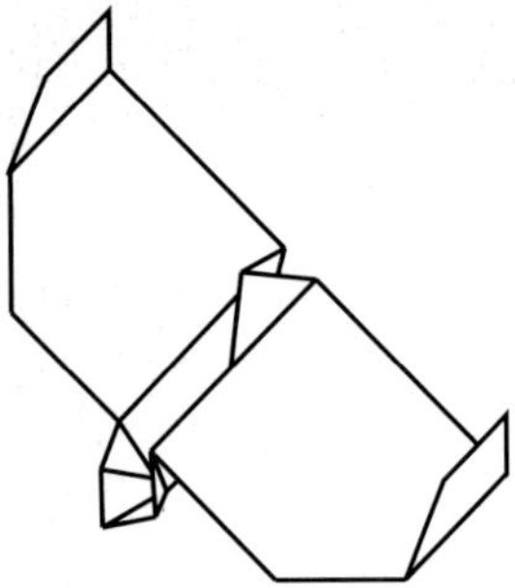

Ikarus

Hier ist ein Beispiel für einen einfaches Modell, das aus einem Blatt im Querformat gefaltet wird. Sein Flug ist sanft und abwärts gerichtet.

★★

Vorlage G

Material
Papier, DIN-A4
(21 x 29,7 cm)

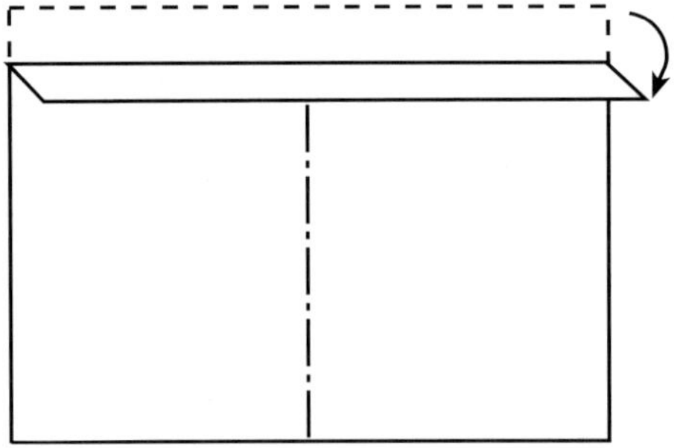

❶ Blatt quer legen, in der Mitte falten (Mittelbruch), öffnen und mit der Unterseite nach oben hinlegen. Obere Blattkante an Linie 1 (s. Vorlage) nach unten falten.

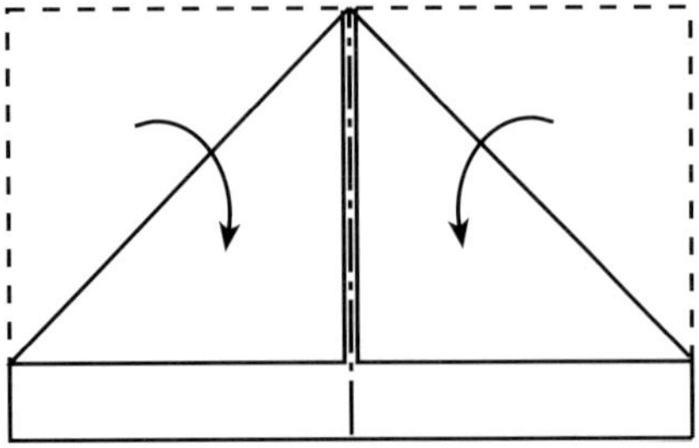

❷ Beide Ecken zum Mittelbruch legen.

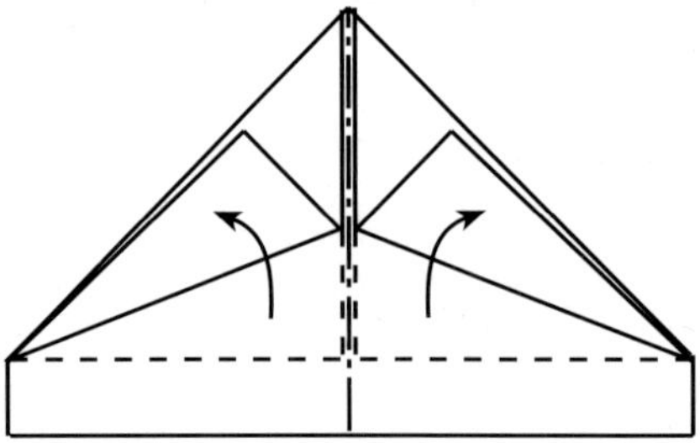

❸ Die unteren Kanten der eingefalteten Ecken wie abgebildet nach oben knicken.

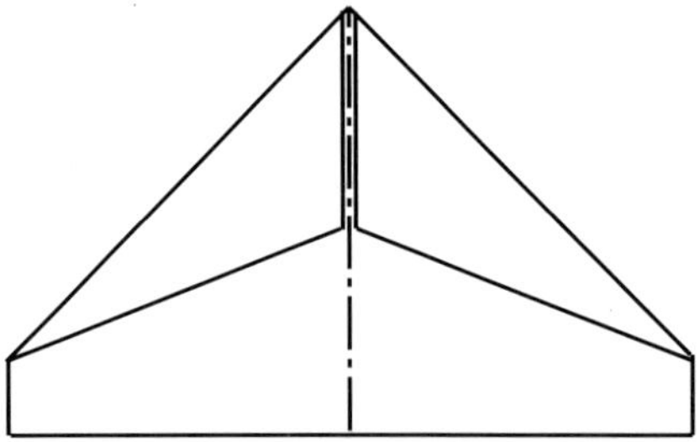

❹ Ecken dann nach innen umfalten.

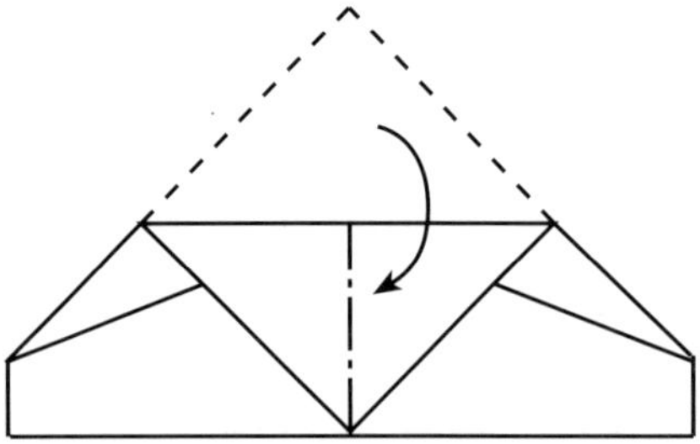

❺ Spitze an Linie 2 nach unten knicken.

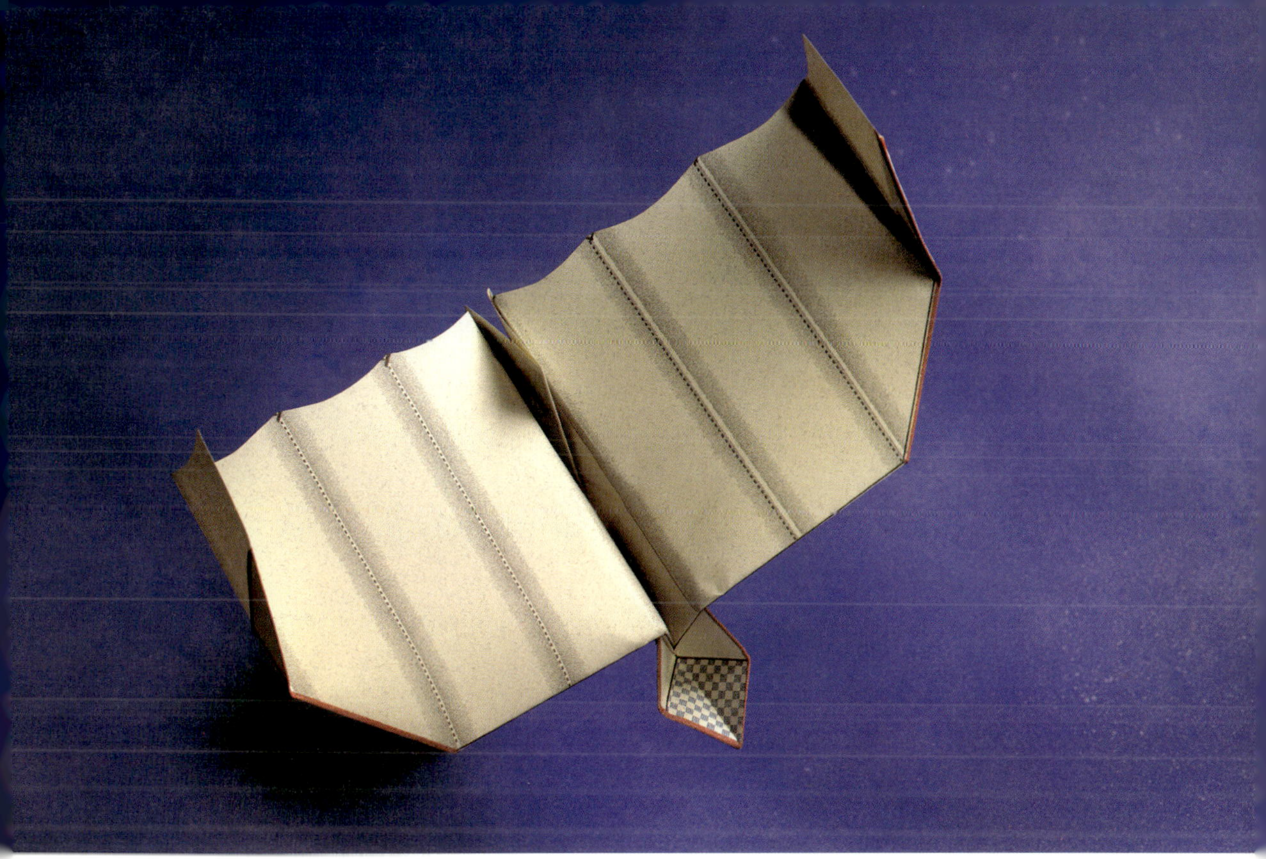

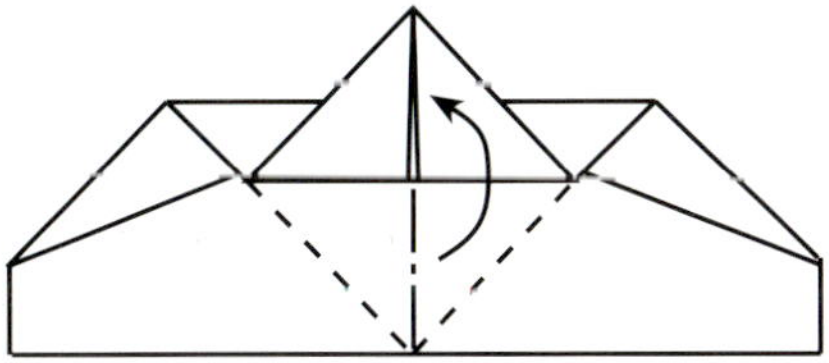

❻ Spitze an Linie 3 nach oben falten.

❼ Flieger am Mittelbruch zusammenklappen, Schwanz und Spitze an den eingezeichneten Linien falten und wieder öffnen. Flieger umdrehen und den Faltvorgang wiederholen. Den Körper des Fliegers öffnen, Schwanz und Spitze vorsichtig nach oben drücken. Flügel und Flügelspitzen entlang der eingezeichneten Linien falten.

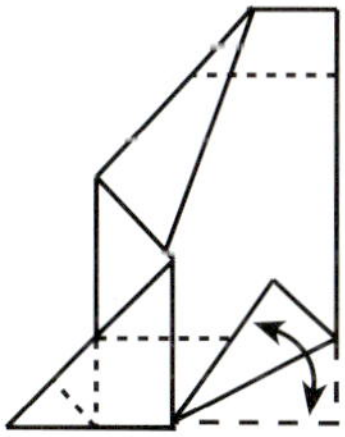

Adler und Falke

Diese Modelle erfordern die meisten Faltschritte, sind aber trotzdem einfach. Wenn Du Faltschritt ❾, die Unterflügelfalte, wegläßt, wird es leichter. Diese verringert einen zu starken Auftrieb und sorgt für einen geraden und kontrollierten Flug.

★★★

Vorlagen
H und I

Material
Papier, DIN-A4
(21 x 29,7 cm)

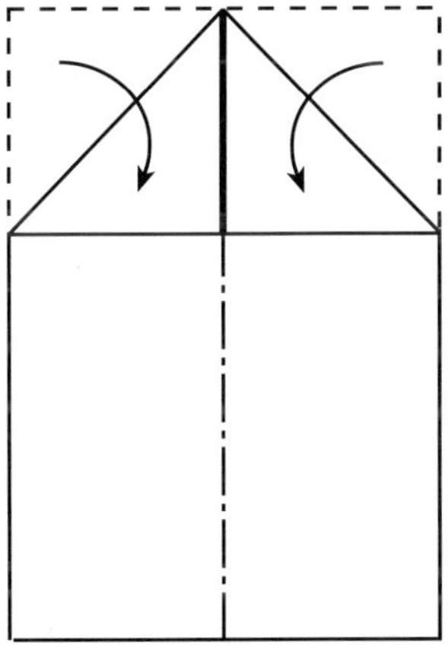

❶ Blatt der Länge nach in der Mitte falten (Mittelbruch), öffnen und mit der Unterseite nach oben hinlegen. Beide Ecken zum Mittelbruch legen.

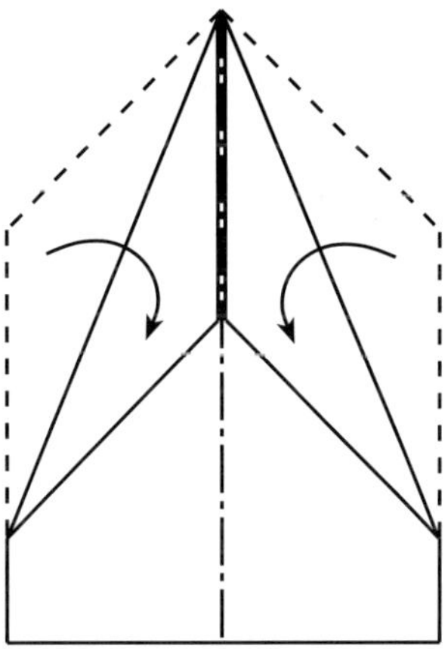

❷ Beide Ecken noch einmal zum Mittelbruch falten.

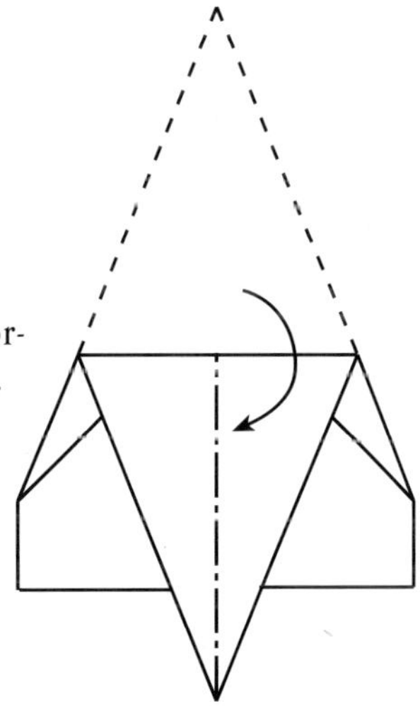

❸ Spitze an Linie 1 (s. Vorlage) nach unten knicken.

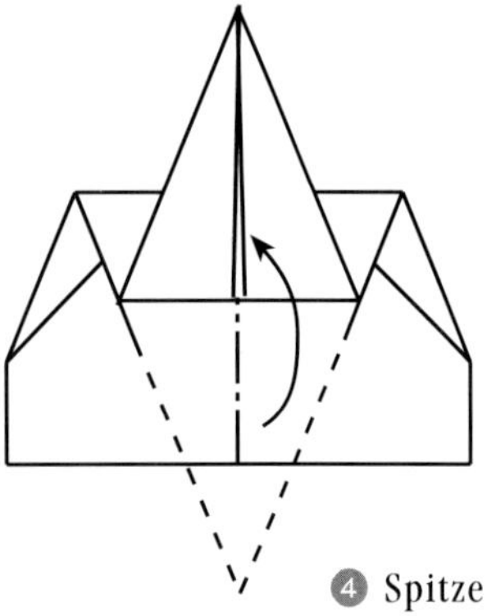

❹ Spitze an Linie 2 nach oben falten.

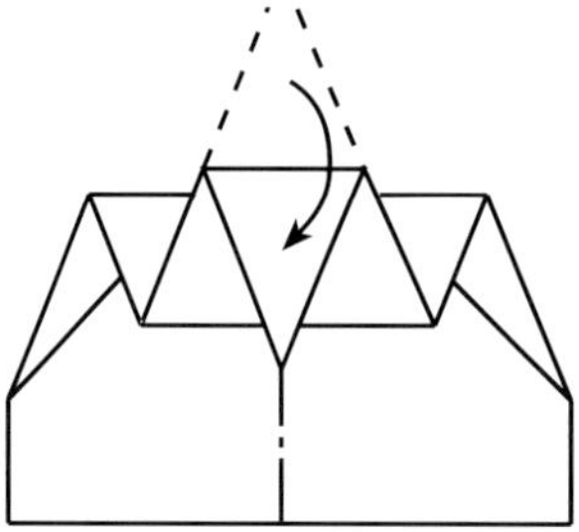

❺ Spitze an Linie 3 nach unten knicken.

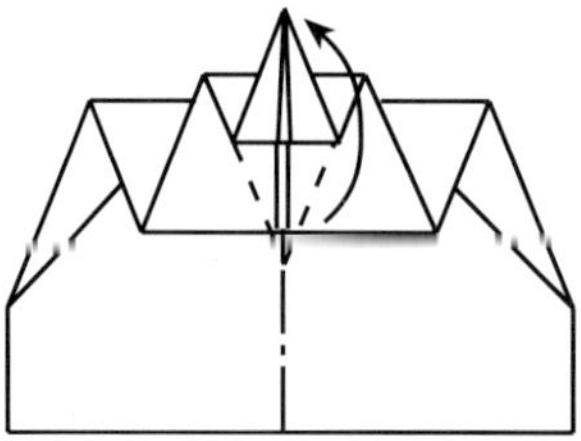

❻ Spitze an Linie 4 nach oben falten.

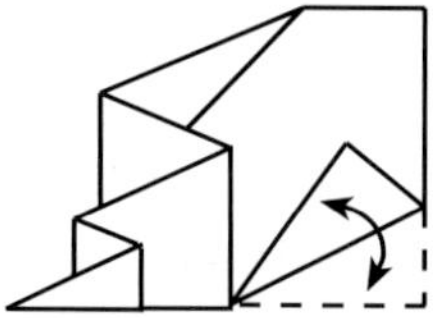

❼ Flieger mit der Oberseite nach innen zusammenklappen. Schwanz an der eingezeichneten Linie falten und wieder öffnen. Flieger umdrehen und den Faltvorgang wiederholen. Den Körper des Fliegers öffnen und den Schwanz vorsichtig nach oben drücken.

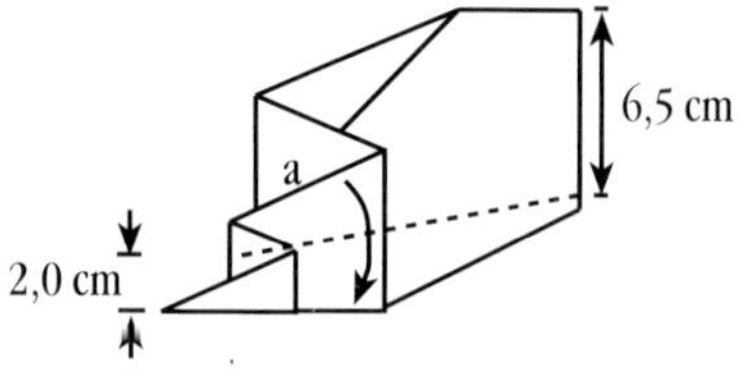

❽ Die Flügel so nach unten falten, daß die Kante a eine Linie bildet mit dem Mittelbruch.

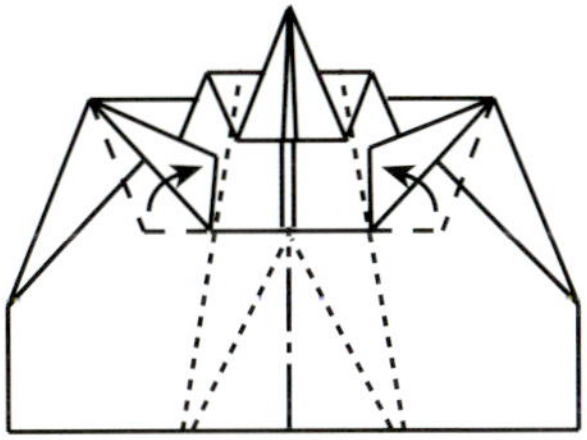

9 Wieder auffalten, Unterseite nach oben legen und Ecken zuerst nach oben knicken und dann nach innen umfalten (Unterflügelfalte). Flieger wieder zusammenklappen. Die Unterseite ist außen. Flügelspitzen an den eingezeichneten Linien nach oben falten. Vorsichtig die Spitze nach unten ziehen, damit ein Haken am Schnabel entsteht.

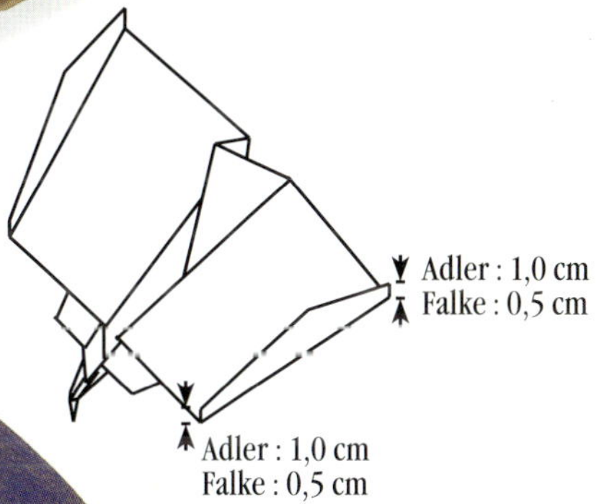

Neben dieser Auswahl aus der Brunnen-Reihe haben wir noch viele andere Bücher im Programm. Wir informieren Sie gerne - fordern Sie einfach unsere neuen Prospekte an:

- **Bücher für Ihre Kinder:** Basteln, Spielen und Lernen mit Kindern
- **Bücher für Ihre Hobbys:** Stoff und Seidenmalerei, Malen und Zeichnen, Keramik, Floristik
- **Bücher zum textilen Handarbeiten:** Sticken, Häkeln und Patchwork

Wir sind für Sie da, wenn Sie Fragen zu AutorInnen, Anleitungen oder Materialien haben. Und wir interessieren uns für Ihre eigenen Ideen und Anregungen. Faxen, schreiben Sie oder rufen Sie uns an. Wir hören gerne von Ihnen! Ihr Christophorus-Verlag

Christophorus
Bücher mit Ideen

Hermann-Herder-Str. 4 / 79104 Freiburg i. Breisgau
Tel: 0761/2717-268 oder Fax: 0761/2717-